la vie sans portable

scénario
Gép

dessins et couleur
Édith Chambon

éditions ✳ mouck

MOSQUITO

1 an et 1/2 - Rat blanc de provenance indéterminée – Intelligent - Il connaît tout de la vie de Sonia et sait garder les secrets - Il adore les câlins mais il refuse absolument de jouer à la souris...

SONIA

11 ans et 2 mois – À peine sortie de l'enfance, elle ressemble à une coccinelle avec son éternel bonnet rouge – N'a peur de rien, têtue, pleine d'idées farfelues – Pour son anniversaire, son père lui a acheté un portable – Elle kiffe Salomé.

SALOMÉ

12 ans et déjà roi du monde, il reçoit 150 sms par jour – Beau gosse, les filles lui courent après - Chloé dit qu'il se la joue un peu - En réalité, c'est un garçon timide et sensible.

CHLOÉ

12 ans – Un peu langue de vipère mais sympa – Connaît tout le monde, se mêle de tout, fréquente le même collège que Salomé - Sonia l'envie beaucoup pour ça.

Merci à Rachel qui m'a aidé à transcrire les sms, à Laurie Dannus pour son aide précieuse, à mes fils Fabien et Victor pour leur humour.
    Gép

Sonia à l'habitude de dormir avec son téléphone portable, même la nuit, il lui arrive d'échanger des messages.
Le téléphone s'agite sous l'oreiller comme une petite souris. Sonia se rappelle qu'elle avait des cadeaux quand elle perdait une dent. C'est bien fini ces histoires ridicules ! La vie est plus sérieuse avec les sms.

Sonia ouvre son cœur, prend des photos, écoute de la musique... Impossible de vivre sans son téléphone portable. Depuis qu'ils sont séparés, les parents de Sonia lui passent plus facilement ses caprices.

Un jour, elle rapporte à la maison un rat blanc apprivoisé, un autre jour, son père lui achète un portable dernier cri.

Sonia n'aime pas les cours de français de madame Chazeille... Elle n'a pas appris le poème de Jules Supervielle pour demain.

Et tant pis ! Et dodo !

Il faut se laver les dents et surtout se maquiller un peu, même si maman n'aime pas ça. Sonia vit seule avec sa mère et son rat Mosquito. La vie n'est pas drôle tous les jours. Sa mère ne comprend rien, n'est au courant de rien, ne sait même pas que Michael Jackson est mort.

JE VAIS L'ENVOYER EN MAISON DE RETRAITE

POUR NOUS C'EST LA MÊME CHOSE !

Pauvre maman tout de même, en robe de chambre dans la cuisine pour faire réviser le poème à sa fille !

DE QUI DÉJÀ?

SUPER VIEILLE! LOL MAMAN !

Maman dit qu'à force d'écouter de la musique avec les écouteurs dans les oreilles, on devient sourd.
Sonia n'y croit pas.

Elle porte un bonnet rouge et les écouteurs par-dessous.

Elle a froid ce matin, même dans son blouson noir matelassé.

«En rouge et noir» c'est la chanson de Jeanne Mas que maman fredonne en la voyant partir. Une chanson des années 80.

UN PEU RINGARDE
...

Papa appelle sur le chemin du collège...

La journée commence mal. Sonia n'aime pas que ses parents se servent de son portable pour ne plus se parler.

Sonia n'a pas reçu de courrier depuis longtemps. La dernière fois, c'était une carte musicale de sa mémé Claudette.
Il y avait 11 bougies roses qui chantaient et d'une écriture un peu tremblante...

m'anniversaire
ma chérie,
travaille bien
en sixième.
Mémé Claudette

Mark
de Chloé:
Ofet chcroi
ke Salomé
il en kif
une autre

Le portable a beau être rose, tactile, coulissant, Sonia a bien envie de lui filer une baffe !

Le portable c'est comme un être humain, parfois il faut se fâcher pour lui faire entrer quelque chose dans le crâne.

Dans la cour du collège...

QU'EST-CE QUE TU VEUX FAIRE PLUS TARD ?

Sébastien est un garçon un peu lourd, du genre premier de la classe.

DRESSEUSE DE RATS !

Ce sera la blague du jour avant de se diriger vers la classe de madame Chazeille.

Sonia jette rapidement un œil sur son classeur de français en montant les marches.

Sonia a gardé son bonnet rouge sur ses cheveux noirs, elle ressemble à une grosse coccinelle. Dehors, les arbres ont perdu leurs feuilles, on voit les murs gris du collège.

Pendant qu'Élodie surveille madame Chazeille, Sonia plonge dans sa trousse et, discrètement, envoie un sms.

Sonia adore écrire avec les pouces. Depuis le temps qu'elle écrit au stylo, un cal s'est formé sur son doigt.

Quand elle était petite son père disait que c'était la bosse de l'écriture. Elle pensait plutôt qu'elle finirait par ressembler à un chameau.

Elle riait parce qu'ils étaient heureux tous ensemble, et, avec la souris, elle avait des cadeaux quand elle perdait une dent.

Salomé est un beau gosse à peau noire de 12 ans.

Il reçoit 150 sms par jour.

À la cantine de son collège, il mange avec son portable à côté de la fourchette, il avale une bouchée, les yeux fixés sur son écran.

Le monde entier lui appartient.

Mais d'après Chloé, qui fréquente le même collège que lui...

IL SE LA JOUE UN PEU.

Madame Chazeille s'approche de Sonia sans faire de bruit, intriguée par le bonnet de la coccinelle rouge. Malgré le coup de coude d'Elodie, Sonia continue de taper sur les touches.

DONNE-MOI CE PORTABLE.

TU DIRAS À TES PARENTS DE VENIR LE CHERCHER, J'AI DEUX MOTS À LEUR DIRE.

Sonia tend son portable du bout des doigts, puis, machinalement, elle enlève son bonnet...

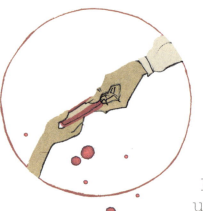

Elle ressemble à un scarabée noir.

Sonia marche dans les couloirs du collège en répétant tout haut...

Elle a perdu tous ses numéros, sa musique, ses photos...

Si personne ne vient chercher le portable, il restera dans le tiroir de madame Chazeille jusqu'à la fin de l'année.

Sébastien, qui passait par là, ne manque pas de lui lancer une pique...

Bien sûr, Sonia n'est pas allée chez Salomé cet après-midi...

En traînant dans la rue, Sonia a rencontré Karen, une ancienne copine de CM2...

Le soir, Sonia est partie se coucher sans parler du portable à sa mère.

Elle a mis Mosquito sur son oreiller. Le rat blanc s'enroule sur lui-même dans la bonne odeur de cheveux et se frise les moustaches.

EST-CE QUE TU VEUX BIEN JOUER À LA SOURIS ?

Les rats valent bien les souris, mais il faut perdre une dent pour avoir un cadeau...
Les dents de Sonia sont malheureusement toutes tombées.

On verra bien demain.

Et tant pis ! Et dodo !

Sonia n'a pas très envie d'aller au collège ce matin.
En pyjama, elle regarde par la fenêtre de sa chambre.
Les gens sont là, quelque part. Impossible de les joindre.
Elle se dit que les Indiens s'en sortaient mieux avec les
signaux de fumée.

Il y a aussi le morse,
le tam-tam africain,
la bouteille à la mer...

Soudain Sonia a une idée farfelue...

Elle court à la cuisine, vide deux pots de yaourt et les relie par un fil Nylon.

Sonia a mis ses habits de coccinelle, mais, sous les couches d'habits, il y a toujours un scarabée noir.

JE DOIS
ME DÉBROUILLER
TOUTE SEULE !

Dans la cour du collège, Sonia prend à part Élodie et lui montre une fenêtre.
Là haut, au premier étage, c'est la classe de madame Chazeille.
Personne en vue !
Sonia enfonce son bonnet sur la tête pour se donner du courage.

ÉLO,
TU ME COUVRES,
S'IL TE PLAÎT !

De peur de se faire voir, Sonia rampe entre les tables jusqu'au bureau de madame Chazeille.

L'oreille collée sur le tiroir, elle entend très distinctement les lamentations du portable.

Mais rien à faire, le tiroir est fermé à clef !
Sonia bat en retraite. Pendant de longues minutes encore, elle croit entendre l'appel de Salomé...

Le dimanche suivant, papa a emmené Sonia au restaurant. Il y a longtemps qu'ils ne se sont pas vus tous les deux.

Quand papa est allé aux toilettes en laissant son portable sur la table, elle n'a pu s'empêcher d'envoyer un message à Salomé.

À peine le temps d'écrire une phrase...

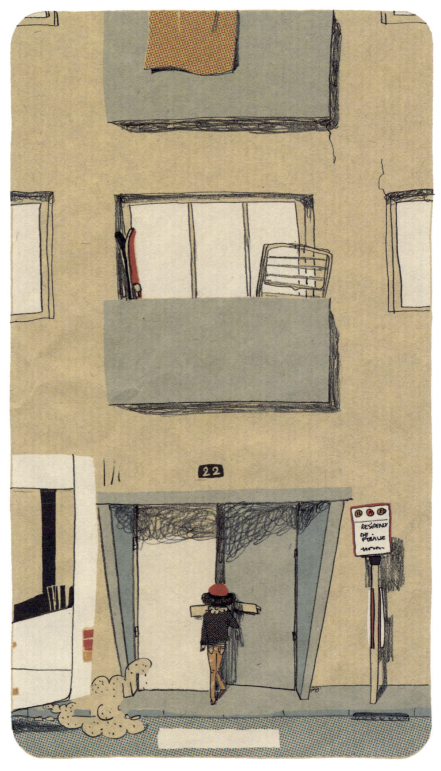

Sonia a décidé de rendre visite à mémé Claudette.
La vieille dame vit seule avec son chat, pas question
d'amener Mosquito !

C'EST GENTIL DE PASSER ME VOIR. C'EST SI RARE, TU DOIS AVOIR UN PROBLÈME ...

LA PROF DE FRANÇAIS M'A PIQUÉ MON PORTABLE, MON COPAIN EN AIME UNE AUTRE ET PAPA NE VIENT JAMAIS NOUS VOIR. À PART ÇA, TOUT VA BIEN !

PAR QUOI COMMENCE-T-ON ?

Sonia raconte l'épisode du portable.

MOI, JE SUIS BIEN TRANQUILLE, JE LIS, JE PRENDS LE TEMPS D'ÉCRIRE À CEUX QUE J'AIME.

Sonia pense à la carte d'anniversaire qu'elle reçoit chaque année.

Elle voit les mains fines de sa grand-mère, légèrement piquées de taches brunes. Elle se dit que mémé ne ressemble pas à un chameau.

Dans la cour du collège, Sonia est assise sur un banc. Il fait froid.
Elle écrit quelque chose sur une feuille de classeur.

C'EST SUPER.

Écoute Salomé,

Apprendras-tu à m'écouter de loin,
Il s'agit de pencher le cœur plus que l'oreille.
Tu trouveras en toi des ponts et des chemins
Pour venir jusqu'à moi qui regarde et qui veille.

BSX.
Sonia

SUPERVIELLE !

Au fond, la vie sans portable on s'y fait. Sonia s'est mise à lire, à faire du vélo, à écrire des poèmes...

Fini de jouer la boîte aux lettres pour papa ! Finis également les messages de Chloé et sa langue de vipère !

Et puis si Salomé est toujours prisonnier au fond du tiroir de madame Chazeille, il n'a qu'à se débrouiller tout seul pour sortir.

Maman prépare une tasse de thé pour mémé Claudette. Papa est venu, assis dans son fauteuil de cuir, il caresse l'accoudoir pendant que le rat Mosquito somnole tranquillement dans sa cage.
Au début, personne n'ose dire un mot, c'est mémé Claudette qui parle pour détendre l'atmosphère.
Maman se lève et va mettre le CD de Jeanne Mas.

Quelle bonne surpise quand Sonia rentre du collège!
Elle embrasse ses parents et vient s'asseoir à côté de sa
grand-mère.
Maman fait quelques pas de danse au milieu du salon.

Tout le monde a l'air de s'amuser.

Machinalement, Sonia consulte le portable...

ÉLODIE ("ÉLO")

11 ans et ½ - La copine à tout faire – Plus d'une fois elle a failli se faire engueuler pour les autres – Attend son heure pour devenir à son tour une vedette.

PAPA

Depuis que ses parents sont séparés Sonia ne voit plus beaucoup son père, à peine un week-end sur deux. S'il n'est pas trop bête il reviendra à la maison un jour. Sinon c'est un gros dégueu...

MAMAN

Maman ne connaît même pas le groupe Tokyo Hotel! Sonia se moque de ses goûts un peu ringards, mais au fond elle l'adore – Pauvre maman tout de même...

MÉMÉ

Mémé Claudette a été très belle quand elle était plus jeune – Maintenant elle vit seule avec son chat et tâche de mettre de l'ordre dans la famille – C'est la confidente de Sonia.

Déjà parus dans la même collection :

Un amour de rom

273 amis

Salut les copines

S.O.S. argent de poche !

Un caïd au collège

©2011. Editions Mouck pour la première édition
©2012. Editions Mouck – 7 rue Guy Patin 75010 Paris
www.editionsmouck.fr
ISBN 978-2-917442-32-6. ISSN 2115-0435
Dépôt légal 4ème trimestre 2012
Loi n°49-956 du 16 juillet 1949 sur les publications destinées à la jeunesse
℗ Achevé d'Imprimer en décembre 2014 par Book Partners